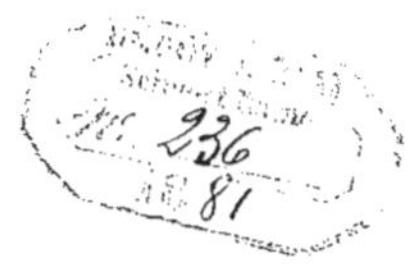

GUIDE - MANUEL

DE

LA VERSION LATINE

à l'usage des élèves de Mathématiques élémentaires

PAR

Antonin PERRICHON

Professeur de Philosophie.

Melun. — Autog. Courtellemont, rue de la Juiverie, 33.

Préface.

« L'avenir du monde est dans la grammaire » écrivait Roger Bacon au XIII.
siècle : C'est par elle que commence l'Encyclopédie de toutes les connaissances. Elle
« ouvre tous les yeux à la pleine lumière de l'antiquité. » (Emile Charles.) — C'est
affaire à un esprit vaste, hardi et profond.

M. Michel Bréal disait excellemment en 1873 : « La Grammaire latine doit
« s'apprendre par la version … Au lieu d'émousser le coup d'œil grammatical par
« une méthode superficielle et machinale, exercez-le par une méthode philosophique qui fasse
« voir la raison des règles de la syntaxe … Il faut arrêter net les élèves devant une période
« savante de Cicéron ou de Salluste et faire appel à leur réflexion. » Telle est la mission
d'un philologue, d'un érudit.

« Il faut surtout que l'enseignement habitue l'élève à réfléchir, à découvrir lui-même
« ce qu'on veut qu'il trouve … Le maître doit munir l'élève de l'esprit d'analyse. » Telles
sont les recommandations d'une circulaire de M. le Vice-Recteur de l'Académie de Paris.

Une instruction ministérielle proclame judicieusement, que « les auteurs ne sont pas
« faits pour expliquer la grammaire, mais que la grammaire doit initier à l'intelligence
« des auteurs. » Voilà le devoir du Professeur, c'est toute mon ambition.

En résumé « il faudrait instituer dans les écoles une étude sérieuse de la grammaire
« et des langues, pour former des lecteurs capables d'entendre les textes. — Il ne s'agit pas
« de nouveautés à introduire dans nos collèges, » ajoute M. Bréal.

Ce n'est pas l'avis de tout le monde. « D'excellents prêtres m'apprirent le latin à l'an=
« cienne manière; c'était la bonne. Sans rien de ce qu'on appelle maintenant la pédagogie,
« ils pratiquaient la première règle de l'éducation, qui est de ne pas trop faciliter des exercices
« dont le but est la difficulté vaincue. » Qui parle ainsi ? Un éminent philologue, M. Renan.

Voilà les mots routine et réforme prêts à s'entrechoquer. Mais s'il est loyal d'exposer la
question sous toutes ses faces, il serait présomptueux à moi de la trancher.

Si M. Renan a raison, mon opuscule est enseveli avec la pédagogie; si Roger Bacon et
M. Michel Bréal n'ont point tort, si les programmes nouveaux ont leur raison d'être, ma
tentative ne sera peut-être pas sans utilité pour faciliter la lecture des textes.

Mon but est modeste : simplifier des exercices reconnus excellents, en substituant chez des
élèves nourris aux mathématiques, le raisonnement à la mémoire, sans exclure, Dieu m'en
garde, les indispensables bienfaits de la pratique.

Melun, ce 16 Juillet 1881.

Melun, ce 19 Juillet 1880.
Le Principal du Collège de Melun constate très-volontiers que la méthode pour étudier le latin appliquée
par M. Perrichon, professeur de philosophie, à l'un de nos élèves, a produit de très-bons résultats. Cet élève, sorti de
l'enseignement spécial, a étudié le latin pendant cette seule année, et il en est arrivé au point de faire très-conve=
nablement les versions du baccalauréat-ès-sciences, et d'expliquer couramment les auteurs.

Le Principal, Signé : E. Gougis.

Cet élève a été reçu bachelier à la session d'Août 1880.
15 Août 1880.   Signé : E. Gougis.

Éléments des mots.

Tout nom se compose de deux parties :
1°. Radical ou thème, élément invariable.
2°. Désinence, élément variable suivant la fonction des mots et leurs rapports entre eux.

Fonctions et rapports des mots.

	Français.	Latin.
Sujet ———	exprimé par la place du mot avant le verbe	Nominatif.
Complément { de nom — (propriété, dépendance)	exprimé par _de_, _du_, _des_ ...	Génitif.
direct —	exprimé par la place du mot après le verbe	Accusatif.
d'attribution —	exprimé par _à_ ou _pour_	Datif.
circonstanciel — (temps, manière)	exprimé par _de_ ou _par_	Ablatif.

Le latin a cinq manières d'unir le radical à la désinence. De là cinq déclinaisons qui se distinguent par la désinence du génitif singulier ou pluriel.

Tableau des cinq déclinaisons.

Singulier.

	1re.	2e.	3e.	4e.	5e.
Nominatif.........	a	us, er, ir._um	e, l, o, n, r, s.	us, u	es
Génitif...........	æ	i	is	us	ei
Datif.............	æ	o	i	ui	ei
Accusatif........	am	um	em	um, u	em
Ablatif..........	æ	o	e ou i	u	e

Pluriel.

	1re.	2e.	3e.	4e.	5e.
Nominatif.........	æ	i _ a	es._a, ia.	us, ua	es
Génitif..........	arum	orum	um, ium	uum	erum
Datif-Ablatif....	is	is	ibus	ibus, ubus	ebus
Accusatif........	as	os	es._a, ia.	us, ua	es

Nominatif et radical de la 3e déclinaison.

Mots terminés en X. Cette lettre est double et formée de la réunion de l'une des consonnes C ou G avec la figurative de la troisième déclinaison s. X = (c + s) ou (g + s).

Donc pour savoir quel est le nominatif du mot _ducis_, il suffit de le décomposer en son radical _duc_; puis d'éliminer la terminaison _is_; enfin de mettre à la suite du radical la consonne _s_. Ce qui nous donne Duc + s = Dux. Guide - chef.

De même Greg. em donnera : greg + s = Grex _ Troupeau.

Dans les mots dont le radical est terminé par les consonnes D. T, cette consonne tombe devant la figurative _s_ du nominatif pour reparaître aux autres cas.

Hæred _ em donne : Hæreds; et par la chute du _d_ : Hæres _ héritier.

Seget _ e donne : Segets; et par la chute du _t_ : Seges _ moisson.

La consonne persiste au nominatif dans les mots : Ops _ op. is _ force, aide... Plebs _ pleb. is _ plèbe... Hiems _ Hiem. is _ Hiver.

Dans certains mots le radical s'altère au génitif par le changement d'_e_ en _i_, ou d'_i_ en _e_.

E dans une syllabe ouverte devient souvent _i_. Ex. nomen _ nominis _ nom. _ Miles _ militis _ soldat.

I devient souvent e dans une syllabe fermée. Ex. Iudex, Iudicis — Iuge. (Radical, Iudic.)
O devient parfois u devant une syllabe fermée. Ex. Ebur, Eboris. — Ivoire.

Adjectif. Comparatif et superlatif.

Les adjectifs peuvent être groupés en trois classes, suivant qu'ils ont :
1.º Trois terminaisons: us ou er — a — um. Ex: Clarus, clara, clarum. — Illustre.
   Piger, pigra, pigrum. — paresseux.
2.º Deux — id — is (m. f.) e (n.). Fortis. Forte. — Brave, courageux.
3.º Une seule — id — ans. ens. s. =: Elegans, — elegant-is — Elégant.
   Solers, — solert-is — adroit, habile.
   Audax, — audac-is — hardi, audacieux.

Remarque : La terminaison neutre sert à désigner ce que nous exprimons en français par le mot chose. — Ex. Triste lupus stabulis. (Virgile) — Le loup est le fléau des bergeries. (Mot à mot : Lupus le loup, triste chose affligeante, funeste; stabulis pour les bergeries.)

— Le comparatif est exprimé par la terminaison ior (m. f.) ius (n.); et le superlatif par les terminaisons issimus, limus, rimus.

   Sanctus. — Sanct-ior. — sanct-ius. — sanct-issimus. — Saint.
   Pulcher. — Pulchr-ior. — Pulchr-ius. — Pulcher-rimus. — Beau.
   Miser. — miser-ior. — miser-ius. — miser-rimus. — Malheureux.
   Facilis. — facil-ior. — facil-ius. — facil-limus. — Facile.

— Le complément du comparatif se met à l'ablatif.
   O matre pulchra filia pulchrior. (Horace) O fille plus belle encore que ta mère.

— Le complément du superlatif se construit de trois manières: avec e ou ex et l'ablatif; avec inter et l'accusatif; avec le génitif.
   Ex. Ex arboribus altissima =
   Inter arbores altissima =   le plus haut des arbres
   Arborum altissima   =

Pour les adjectifs qui n'admettent pas les terminaisons caractéristiques, le comparatif se forme en plaçant devant le positif:

Pour marquer : { la supériorité — magis / l'infériorité — minus / la pluralité — plus / l'égalité — tam } que l'on fait suivre de quam comme en français.

   Ex. magis pius quam .... plus pietatis quam ....
   minus pius quam .... tam pius quam ....

— Le superlatif se forme en faisant précéder le positif de:

Pour marquer { la supériorité, Maxime / l'infériorité, Minime / l'intensité, { Valde / admodum / Omnino }

Maxime pius. — Très, le plus pieux.   Valde pius. — Grandement, fort, bien, — pieux.
Minime pius. — nullement pieux.   Admodum. — extrêmement, à l'excès, excessivement.
(Mot à mot) Le moins pieux possible.   Omnino. — tout-à-fait, entièrement, complètement.

is esse, ... ut ou qui — se traduit par être tel que, être homme à, capable de.
   Non is es ut te unquam pudor revocarit. (Cicéron.)
   Tu n'es pas homme à renoncer jamais par pudeur.
   Ego is sum qui nihil unquam fecerim. (Cicéron.)
   Moi, je suis tel que je n'ai jamais fait.

   Quisque après un superlatif forme une locution collective.
   Optimus quisque — Les plus honnêtes gens.

Missi sunt honoratissimus quisque (Tite-Live.)
On envoya les plus honorables.
C'est la même expression grammaticale employée par Racine :
Entre le pauvre et vous vous prendrez Dieu pour juge
Vous souvenant, mon fils, qu'caché sous ce lin,
Comme eux vous fûtes pauvre et comme eux orphelin.

Unus omnium donne au superlatif un nouveau degré de force
Res una omnium difficillima. (Cicéron.) La chose la plus difficile de toutes. (La chose seule de
toutes ou entre toutes, la plus difficile.)

Comparatifs et superlatifs irréguliers.

Bonus, melior, optimus. — Bon, meilleur, le meilleur.
Malus, pejor, pessimus. — Mauvais, pire, le pire.
Parvus, minor, minimus. — Petit, moindre, le moindre.
Multi, plures, plurimi. — Beaucoup, plus, le plus, très nombreux. (La majorité.)

En plaçant devant le positif une des prépositions per, prae, ex, on forme des superlatifs exprimant des
qualités exprimées au plus haut degré.
Ex. Perdoctus, — infiniment, extrêmement savant.
Praedives, — id id riche.
Edurus — id id dur.

Adjectifs numéraux et noms de nombre.

Les nombres ordinaux marquent l'ordre, le rang. Ex. Primus, Secundus, Tertius.
Les nombres cardinaux expriment la quantité des objets : unus, (un) duo, (deux) tres, (trois)
Les trois premiers seulement se déclinent.

Nominatif . . . . . unus, una, unum. — un.
Génitif . . . . — unius —
Datif . . . . — uni —
Accusatif . . . . . . unum, unam, unum.
Ablatif . . . . uno una, uno.
Adjectifs numéraux distributifs : Singuli, — singulæ, — singula. — un à un.
Bini, — binæ, — bina. — deux à deux.
On trouve souvent Trini. Bini pour duo, tres avec des pluriels dont le substantif ne désigne
qu'un seul objet.
Ipse trinis hibernis hiemare constituit (César.)
Quant à lui il résolut d'hiverner dans trois quartiers (ou camps d'hiver.)
Milites trinis castris potiuntur. (César.)
Les soldats se rendent maîtres de trois camps.
La terminaison aginta désigne les dizaines : quadraginta. — quarante.
Octo-ginta. — quatre-vingts.
La terminaison ingenti-æ, a, désigne les centaines : quadr-ingenti-æ, a. — quatre cents.
Oct-ingenti-æ, a. — huit cents.
L'ordre, le rang est exprimé par la terminaison — esimus, a, um.
Vicesimus, a, um. — Vingtième
Quadrag-esimus, a, um. — quarantième.
Quadringent-esimus, a, um. — quatre-centième.

Adjectifs indicatifs ou démonstratifs.

Singulier.

Nominatif......	Hic, Hæc, Hoc, celui-ci	iste, ista, istud, ce, cette, ce	ille, illa, illud, celui-là
Génitif.........	hujus,	istius,	illius,
Datif.........	huic,	isti,	illi,
Accusatif.......	hunc, hanc, hoc,	istum, istam, istud,	illum, illam, illud,
Ablatif.........	hoc, hac, hoc,	isto, ista, isto.	illo, illa, illo,

Pluriel.

Nominatif......	hi, hæ, hæc,	isti, istæ, ista,	illi, illæ, illa
Génitif.........	horum, harum, horum;	istorum, istarum, istorum	illorum, illarum, illorum,
Datif, ablatif....	his,	istis,	illis
Accusatif.........	hos, has, hæc,	istos, istas, ista.	illos, illas, illa

Singulier.

ipse, ipsa, ipsum, (même)	Is, ea, id, le, la, lui.		
ipsius,	ejus,		
ipsi	ei		
ipsum, ipsam, ipsum,	eum, eam, id,		
ipso, ipsa, ipso,	eo, ea, eo,		

Pluriel.

ipsi, ipsæ, ipsa,	Ii ou ei, eæ, ea,		
ipsorum, ipsarum, ipsorum,	eorum, earum, eorum,		
ipsis,	Iis ou eis,		
ipsos, ipsas, ipsa,	eos, eas, ea.		

Valeur et signification de ces adjectifs.

Hic. — désigne la première personne, celle qui parle. Il désigne donc les objets les plus rapprochés, présents ou voisins. Il répond au français : celui-ci, celle-ci ceci. — ce dernier.

Iste. — désigne la deuxième personne, celle à qui l'on parle. — Il répond au français : ce, cette, ce. Chez les poètes comiques il désigne l'interlocuteur, l'acteur chargé de donner la réplique ; — au barreau l'adversaire. — De là une idée de mépris ou de prise en mauvaise part. On traduirait par cet être ; — isti — ces gens-là. — (Vieux français : Cestuy.)

Ille. — désigne la troisième personne, celle dont on parle ; il désigne donc les objets les plus éloignés, absents. Il répond au français : celui-là, celle-là, cela. — (Vieux français : icelui.)

_Is._ — change de signification suivant la manière dont il est employé.

1° Est-il seul ? c'est un véritable pronom. Il répond au français : le, la, les, lui, leur.

2° Joint à un substantif, c'est un adjectif démonstratif, il équivaut à : ce, cette, ce.

3° Employé avec le relatif qui, quæ, quod, il équivaut à : celui qui, celle qui, ce qui.

4° Après une énumération, is signifie : lui encore, c'est encore lui qui.

Ex. Ad eas res conficiendas Orgetorix diligitur ; is sibi legationem ad civitates suscepit. (Cæsar.)

Orgetorix fut choisi pour en diriger l'exécution ; il se chargea encore de l'ambassade auprès des États.

5° Is suivi de ut se traduit par tel.... Is est conventus Syracusis civium romanorum ut.

Telle est à Syracuse la réunion des citoyens romains que

Remarques. — Ipse — signifie même, — il se joint toujours à un nom ou pronom — moi-même, — lui-même.

Quand ille n'est point opposé à Hic, il exprime une idée d'admiration : Medæa illa, Cicero ille ;
la fameuse Médée ; l'illustre Cicéron.

Dans ce sens Hic - ille se joignent très-bien à un adjectif.

Hic ou ille clarus vir, ce grand homme.

Felix ille Mithridates, « Cet heureux Mithridate. »

On les trouve réunis ensemble avec un substantif : Hic, ille Demosthenes. Voilà l'illustre Demosthènes.

Hic. — désigne une chose qui va suivre. — Il répond au français : Voici.

Ex. Ejus belli hæc fuit causa. (Cæsar.) Voici la cause de la guerre.

Hic dies de nostris controversiis judicabit (Cæsar.) Voici le jour qui videra nos querelles.

Is au contraire désigne la chose qui précède ; il répond au français : Voilà

Ea retulerunt. Voilà ce qu'ils rapportèrent.

Ea esse, quæ cognovissent, dixerunt. Voilà, dirent-ils, ce que nous avons recueilli, — Tels sont nos renseignements.

Au neutre ces pronoms tiennent lieu de substantifs.

Hoc, id incommodi. — Cet inconvénient.

Hoc, id solatii. — Cette consolation.

Hoc litterarum. — Cette lettre.

Id ætatis. — Cet âge

Il en est de même pour *istud* et *illud*.

Adverbes de lieu tirés de ces pronoms et marquant :

1.º Le séjour.	Hic.	Là où je suis	3.º Le Départ.	Hinc,	Là d'où je viens.
	Istic.	Là où tu es.		Istinc,	Là d'où tu viens.
	Illic	Là où il est.		Illinc,	Là d'où il vient.
	Ubi.	où l'on est.		Unde,	D'où l'on vient.

Ne pas le confondre avec *ibi*, là, dans ce lieu.

			4.º Le Passage,	Hâc,	Là par où je passe.
				Istâc,	Là par où tu passes.
2.º La Direction	Huc,	Là où je vais.		Illâc,	Là par où il passe.
	Istuc,	Là où tu vas.		Quâ,	Par où l'on passe.
	Illuc,	Là où il va.		Eâ,	Là par où l'on passe,
	Quò,	où l'on va.			
	Eò,	Là où l'on va.			

Adjectifs relatifs ou conjonctifs.

Pour joindre ensemble deux idées ou mettre en relation deux propositions, le latin se sert de l'adjectif *qui, quæ, quod*, appelé pour cela __conjonctif__ ou __relatif.__

Singulier.				Pluriel.			
Nominatif	qui,	quæ,	quod,	Nominatif	qui,	quæ,	quæ,
Génitif		cujus,		Génitif	quorum,	quarum,	quorum,
Datif		cui,		Datif, ablatif . . .		quibus	
Accusatif	quem,	quam,	quod,	Accusatif	quos,	quas	quæ
Ablatif	quo,	quâ,	quo				

Relatif.

Talis,	(tel.)	qualis,	(que = quel !)
Tantus,	(aussi grand.)	quantus,	(que = combien grand !)
		Quotus,	quel nombre.

Adjectifs interrogatifs.

L'adjectif interrogatif *quis, quæ, quod* ou __quid__ ? qui, lequel, laquelle ? se décline exactement comme le pronom relatif *qui, quæ, quod*, dont il diffère en ce qu'il a au neutre une seconde forme __quid.__

Quod est adjectif . . . . *quod commodum* ? quel avantage ?

Quid est substantif . . . *quid commodi* ? (mot à mot, quelle chose de mal.) quel avantage !

quid dulcius ? quoi de plus doux ?

Adjectifs composés.

1.º	Qui-cunque — quiconque.	
2.º	Quidam. — un certain, certaine chose.	
3.º	Quilibet. — qui l'on voudra. Quelle chose on voudra.	
4.º	Quivis. — qui vous voudrez. Quelle chose vous voudrez.	

5º   Quisnam. — Quel, quelle, quoi ? (Interrogation plus forte et plus vive.)
6º   Quispiam. — }
7º   Quisquam. — } quelque, quelqu'un, quelque chose.
8º   Quisque. — Chacun, chaque chose.
9º   unusquisque. — Chacun.
10º   Quotusquisque. — En combien petit nombre, combien peu.
11º   Quisquis. — Qui que ce soit qui, quoi que ce soit, quel qu'il soit.
12º   Aliquis, aliqua, aliquod et aliquid. — Aliquod, Ecquod est substantif.
13º   Ecquis, ecqua, ecquod et ecquid. — Aliquid, Ecquid est substantif.

Remarque. Après les conjonctions Si, ne, num, quum, dum, vel, et les adverbes jam, quò et quando on supprime les deux syllabes initiales ali.

	Ainsi :		Sont mis pour	
	Si quis			Si aliquis
	Ne quando			ne aliquando
	num quis			num aliquis
	Quum quem			quum aliquem
	Dum cujus			Dum alicujus
	Vel quibus			Vel aliquibus
	Jam quis			Jam aliquis

Quidquid est substantif : — Lydorum quidquid Etruscos Incoluit fines (Horace) (mot à mot quoique ce soit qui - ou - tout ce qui des Lydiens —) de tous les Lydiens qui habitent le pays Etrusque.

Ainsi quantum : — Quantum est hominum venustiorum (Catulle) (Une aussi grande quantité d'hommes qui est —) — Tout ce qu'il y a d'hommes aimables (galants — XVIIᵉ siècle.)

Pronoms personnels.

Le pronom est un mot que l'on emploie au lieu, à la place (pro) du nom (nomine.)

Nous connaissons les pronoms démonstratifs : Hic, iste, ille, is. — Il reste à indiquer les pronoms qui représentent les personnes.(persona. masque de théâtre, personnage, rôle.) —

Singulier.

						Adjectifs possessifs.
Nominatif...	Ego. je ou moi.	Tu, toi.				Meus. — mon, ma, mes, le mien.
Génitif.....	Mei. de moi.	Tui, de toi.	Sui, de soi.			Tuus, — ton, ta, tes, le tien.
Datif......	mihi. { à / pour } moi.	Tibi, { à / pour } toi.	Sibi, { à / pour } soi.			Suus, — son, sa, ses, le sien.
Accusatif...	Me. moi	Te, toi.	Se, soi			
Ablatif.....	Me. { de / par } moi.	Te { de / par } toi.	Se, { de / par } soi.			

Pluriel.

Nominatif...	Nos, nous.	Vos, Vous.				Noster. — notre, le nôtre.
Génitif.....	Nostrûm, nostri, de nous.	Vestrûm, vestri, de vous.	Sui, d'eux.			Vester, — votre, le vôtre.
Datif. ablatif..	Nobis { à / pour } { de / par } nous.	Vobis { à / pour } { de / par } vous.	Sibi { à / pour } { de / par } eux			
Accusatif...	Nos, nous.	Vos, vous.	Se, eux.			

Remarque : — Les Génitifs : { Nostrûm, — vestrûm, — sont Partitifs.
                                  { Nostri, — vestri, —   „   Collectifs.

Un augure priant { pour tout le monde romain : — dira : miserere nostri. ayez pitié de nous.
                       { pour les seuls habitants de Rome : id : miserere nostrûm. id   id   id

Nous verrons que le verbe latin possède une désinence particulière pour désigner chacune des personnes soit du singulier, soit du pluriel. Aussi le verbe latin n'est-il pas d'ordinaire accompagné des pronoms personnels. Quand on les rencontre exprimés, c'est par une sorte de pléonasme afin de peser plus fortement sur la personne. Ex. Nos, numeri sumus. (Horace.) Nous, nous ne sommes qu'un nombre.

Des adjectifs : Noster }
                     Vester } on a fait les 3 mots : { Nostras — de notre pays. — notre }
                     Cujus }   { Vestras — de votre pays. — votre } compatriote.
                                          { Cujas — de quel pays.

Conjonction.

La conjonction sert à marquer le rapport réciproque des mots et des propositions et leur enchaî=
nement dans le discours.

On les divise en deux grandes classes:

1° Celles qui expriment un rapport de coordination, savoir:

Et: — Et que (après un mot); — ac; atque.

ac et atque — se mettent dans le sens de comme et de que avec des adjectifs et des adverbes
exprimant une ressemblance ou une différence.

Ex: similiter facis, ac si me roges. (Cicéron.)
    Tu fais comme si tu me demandais.
    Ne simili utamur fortuna, atque antea usi sumus (Térence.)
    N'ayons pas le même lot qu'auparavant.

Ou: — aut; — vel; — ve (après un mot); — sive; — seu.

Ni: — nec; — neque.

Mais: — sed; — at; — Verum ou vero, — autem, (au contraire).

Car: — nam; — namque; — enim.

Or: — autem; — atqui.

Donc: — Ergo; — igitur.

2° Celles qui expriment la subordination, savoir:

Ut ⎰ dont les significations varient selon le mode du verbe qu'elles précèdent

ou Uti ⎰ Avec l'indicatif ⎰ 1° Comparaison: comme, de même que: Sicut, velut.
                          ⎰ 2° Quand, lorsque, aussitôt que, dès que, de sorte que,
                          ⎰   selon que.
         Avec le Subjonctif. — afin que, pour, de,

Ne. — (= ut, non) afin que, pourque, de .... ne pas. — Elle exprime l'idée de
négative, le désir qu'une chose ne s'accomplisse pas; dès lors une chose redoutée, la crainte,
l'opposition, la résistance, l'obstacle,

quin ⎰ 1° =(Ut, Hic, ille, non.) — exprime l'abstention, la négligence: — il suit toujours
       ⎰   absum et dubito.
       ⎰ 2° =(Cur   non) — quin imus? que n'allons-nous? Allons! Pourquoi non
       ⎰   aussi? — Et même, bien plus.
       ⎰ 3° =(qui non) après nihil est, nemo est. — Nullum patiebatur esse diem quin
       ⎰   diceret aut meditaretur (Cicéron.) Il ne laissait pas passer un seul jour
       ⎰   sans plaider ou travailler.
       ⎰ 4° = (Quod non) — Non quin enitendum sit (Cicéron) — Non qu'il faille beaucoup
       ⎰   d'efforts.

Quominus, — exprime empêchement, défense.

Quo. — afin que d'autant; (= ut eo) — devant un comparatif — pour que par là devant
       un verbe — Deastestamur nos arma neque contra patriam cepisse, neque quo
       pericula aliis feceremus. (Salluste) Nous attestons les Dieux que nous
       n'avons pris les armes ni contre notre patrie, ni pour créer des périls aux
       autres.

D'autres propositions désignent la circonstance qui précède, accompagne ou suit l'action.=
Ce sont les conjonctions circonstancielles exprimant:

Quum ⎰ avec l'indicatif; quand, lorsque
     ⎰ avec le Subjonctif ⎰ 1° présent:= puisque, vu que, attendu que.
                          ⎰ 2° Imparfait:= participe présent.
                          ⎰ 3° Plusque parfait:= ayant, après avoir .... été.

1° Le temps ⎰ Dum, — Pendant que, tandis que;
            ⎰ Donec, — Jusqu'à ce que;
            ⎰ Postquam, — Après que;
            ⎰ Priusquam — avant que.
            ⎰ Ubi — Dès que, etc.

2.º Le motif {
Quod }
quia } parceque.

quod équivaut à autant que – quantum.

Quod sciam, – autant que je puis savoir = que je sache.

Quamobrem. pour quelle raison.. – pourquoi – (quam. ob. rem).

Propterea. (propter–ea) En conséquence. – propterea quod. (pour ce que – vieux fran çais.) parceque..

Quoniam. – parceque, puisque..

3.º La comparaison {
Ut ou uti: – sicut. velut. sicuti. veluti. Comme, de même que.

Ceu. – Quasi: – comme si – (ironiquement) – comme une sorte de.....

Quemadmodum. – de même que.

Tanquam, – comme.

non secus ac – Perinde ac. – de même que.

4.º Le doute
l'indécision. {
num.. – Est–ce que, si

utrum, –   id

an. – ou bien.

ne.– (après un mot.)

5.º La condition {
Si: – à la condition que. – ou de. – pour savoir si, – dans le cas où.

Nisi: – Si non. Ex. nisi subsidium. – s'il n'avait pas du secours; faute de secours, sans secours, il ne.....

Prépositions.

Les prépositions servent à exprimer les rapports désignés sous le nom de compléments. Voici les plus importantes:

In {
avec l'ablatif, exprime le rapport de séjour, de résidence, de station.

In urbe, dans la ville; in monte, sur la montagne.

avec l'accusatif, exprime l'intention, la direction avec le désir de pénétrer.

Eo in amnem. Je vais me baigner (à la rivière:)

Ad. – avec l'accusatif marque la direction, mais avec l'idée d'approcher seulement du but.

Eo ad amnem, je vais sur le bord du fleuve

Eo ad urbem, je vais près de, dans le voisinage de..... la ville.

A ou ab. – ablatif. – de par, marque la séparation, l'éloignement, la provenance, le point de départ.

Ab Jove, descendant de Jupiter.

E ou Ex. – ablatif. – Hors, de, exprime l'extraction, la sortie

Ex Jove, issu de Jupiter.

Pro, – ablatif, – devant; – au lieu de; – pour; – en raison, en considération. de –

Præ, – ablatif, – devant; auparavant; – à cause de; – par; en comparaison de. –

Causa. – (ablatif) – précédé d'un génitif équivaut à la préposition pour.

Victoriæ causa – pour la victoire. – bellandi causa. – pour guerroyer.

Propter. – (Accusatif) à cause de, le long de,

Præter. – (Accusatif) outre, hormi, excepté

Adverbes.

L'adverbe est un mot qui détermine d'une façon plus précise, ou bien la manière d'être (s'il accompagne un adjectif); ou bien l'action. (s'il accompagne un verbe) Il marque:

Le degré. – Tam; – (tant; – autant; – si; – aussi

Relatif: quam. – que, – combien.

Le nombre   Toties. – tant de fois. – si – aussi – Souvens.

Relatif: Quoties, – que, combien de fois.

La manière: – Ita. sic – adeo – Ainsi, de cette manière, tellement au point.

Relatif: – ut ou uti, que

Remarque. Bien souvent dans ce sens *ut* se trouve seul exprimé, *ita*, *sic*, sont supprimés par ellipse.

La cause: = *Eo*, — par cela, pour cela, par là.

Relatif: — *quod*, — *qui*.

Quam ut après un comparatif se traduit par *trop pour*. *Et majora deliquerant quam ut ignosceretur*. — Ils avaient commis de trop grandes fautes pour mériter le pardon. — *Campani majora deliquerant quam quibus ut iis ignosci posset*. — Les Campaniens étaient trop coupables pour qu'on pût leur pardonner.

Quam — devant un superlatif exprime le degré le plus élevé possible.
Quam maximas copias comparavit (César) Il réunit le plus de troupes possible ou qu'il put.
Dicam quam brevissime — Je dirai le plus brièvement possible.

Quam qui — devant un superlatif se traduit: autant que personne, autant qu'homme du monde.
Te sic semper colam ut quam diligentissime (Cicéron) J'aurai toujours pour vos intérêts autant de zèle que pour ceux de personne, — de qui que ce soit au monde.
Tam sum mitis quam qui lenissimus (Cicéron) Je suis aussi doux que personne (que celui qui l'est le plus.)
Tam sum amicus Reipublicæ quam qui maxime. (Cicéron) J'aime la République autant qu'homme au monde.

———————

Verbe primitif *Esse*

Verbe primitif Esse.—Etre.

Indicatif.

Présent.

Sum	: Je suis
e.s	: Tu es
es.t	: Il est
su.mus	: Nous sommes
es.tis	: Vous êtes
s.unt	: Ils sont

Imparfait.

era {
m	: J'étais
s	: Tu étais
t	: Il était
mus	: Nous étions
tis	: Vous étiez
nt	: Ils étaient

Futur présent.

er { i {
—o	: Je serai
s	: Tu seras
t	: Il sera
mus	: Nous serons
tis	: Vous serez
u—nt	: Ils seront

Subjonctif.

Présent.

si {
m	(Siem)*		Je sois
s	(Sies)		tu sois
t	(Siet)	. que	il soit
mus			nous soyons
tis			vous soyez
nt			Ils soient

* archaïque

Imparfait.

esse ou fore {
m		Je fusse
s		tu fusses
t	. que	il fût
mus		nous fussions
tis		vous fussiez
nt		ils fussent

Impératif.

es,—es.to	. Sois
es.to	: qu'il soit
es.te—es.tote	: Soyez
sun—to	: qu'ils soient

Parfait.

Fu { i {
—i	: J'ai
sti	: tu as
t	: il a
imus	: nous avons
stis	: Vous avez
e—runt	: ils ont

} été

Indicatif.

Plusque parfait.

era {
m	: J'avais
s	: Tu avais
t	: Il avait
mus	: Nous avions
tis	: Vous aviez
nt	: Ils avaient

} été

Futur passé.

er { i {
—o	: J'aurai
s	: Tu auras
t	: Il aura été
mus	: Nous aurons
tis	: Vous aurez
u—nt	: Ils auront

} été

Subjonctif.

Parfait.

eri {
m		J'aie
s		tu aies
t		il ait
mus	que	nous ayons
tis		vous ayez
nt		ils aient

} été

Plusque parfait.

isse {
m		J'eusse
s		tu eusses
t		Il eût
mus	que	Nous eussions
tis		vous eussiez
nt		ils eussent

} été

Infinitif.

Futur Présent.

futurum, am, esse ou fore } devoir être.

Passé.

futurum, am, fuisse   avoir dû être

Participe futur.

futurus, a, um.   devant être.

Parfait et plusque parfait.

isse { avoir / qu'il avait / qu'il a } été

Désinences personnelles:— Le verbe sum nous donne trois désinences pour exprimer la première personne.

m = { Indicatif { Présent / Imparfait / Plusque parfait } / Subjonctif ——id—— ‖ O = futur { Présent / Passé } ‖ i = Parfait

Les autres sont: { Singulier: { 2e s / 3e t } / Pluriel: { 1e mus / 2e tis / 3e nt } } ‖ Au parfait { Singulier.— 2e isti / Pluriel, { 2e istis / 3e erunt, etc } }

Temps simples.   Temps composés.

Présent.

Indicatif.

	Actif.	Passif.
1.ᵉ	o	r, re;
	a { s, mus, tis, nt }	tur; mur, mini, ntur.
2.ᵉ	o, e { s, mus, tis, nt }	ris, re; tur, mur, mini, ntur.
4.ᵉ	3.ᵉ i { o, s, t, mus, tis, u nt }	r, ris, re; tur, mur, mini, ntur.

Imparfait.

		Actif	Passif
1.ᵉ	a		
2.ᵉ	e	ba { m, s, t, mus, tis, nt }	r, ris, re; tur, mur, mini, ntur.
3.ᵉ	e		
4.ᵉ	ie		

Futur présent.

			Actif	Passif
1.ᵉ	a	b	i { o, s, t, mus, tis, u nt }	r, ris, re; tur, mur, mini, ntur.
2.ᵉ	e			
4.ᵉ	3.ᵉ i	a, e { m, s, t, mus, tis, nt }	r, ris, re; tur, mur, mini, ntur.	

Subjonctif.

Présent.

		Actif	Passif
1.ᵉ	e { m, s, t, mus, tis, nt }	r, ris, re; tur, mur, mini, ntur.	
2.ᵉ	e		
4.ᵉ	3.ᵉ i	a { m, s, t, mus, tis, nt }	r, ris, re; tur, mur, mini, ntur.

Imparfait.

		Actif	Passif
a		m, s, t, mus, tis, nt	r, ris, re; tur, mur, mini, ntur.
e	re*		
i			

* Infinitif.

Temps composés.

Actif.

Parfait.

Indicatif.

		3.ᵉ	
1.ᵉ	av	i { i, ti, t, mus, istis }	
2.ᵉ	ev		
4.ᵉ	iv	er unt, e.	

Plusque parfait.

era { m, s, t, mus, tis, nt }

Futur passé.

er { i { o, s, t, mus, tis, nt } }

Subjonctif.

Parfait.

eri, fueri { m, s, t, mus, tis, nt }

Plusque parfait.

isse { m, s, t, mus, tis, nt }

Infinitif.

Parfait.

isse.

	Actif.		Passif.				Supin.		
Présent.	1.ᵉ a, 2.ᵉ e, 3.ᵉ e, 4.ᵉ i	re	3.ᵉ 1.ᵉ a, 2.ᵉ e, 4.ᵉ i	ri			Act. tum, Pas. tu	1.ᵉ a, 2.ᵉ e, 3.ᵉ i, 4.ᵉ i { tum (act.), tu (Pas.) }	

Participe	Actif.	Présent { 1.ᵉ e, ie } ns, ntis		Gérondif { an, en, ien } { di, do, dum }
		futur rus, ra, rum		
	Passif.	Passé tus, ta, tum		
		fut. passif dus, da, dum		

Les temps composés du passif se forment du Participe passé
avec les temps correspondants du verbe *esse*, comme en français.

Impératif.

		Actif.	Passif.			Actif.	Passif.			Actif.	Passif.			Actif	Passif.
1.ᵉ	a { to, to, te, tote, nt }	re. tor, —, mini, ntor	2.ᵉ	e { to, to, estote, nto }	re. tor, tor, mini, nto	3.ᵉ	i { to, to, te, tote, u nto }	re. tor, tor, mini, ntor	4.ᵉ	i { to, to, te, tote, unto }	re. tor, tor, mini, ntor				

Caractéristique { de l'imparfait : bam, bas.
du futur (1.ᵉ 2.ᵉ) : bo, bis . . .
id (3.ᵉ 4.ᵉ) : am, es. }

Verbe.

Le Verbe est un mot qui exprime : 1° L'existence ; c'est être, verbe primitif, essentiel, qui fait le fond et comme la substance de tous les autres. De là son nom de Verbe substantif.

2° À la fois et l'existence et la manière d'être ou l'attribut. De là son d'attributif. Ex. Je lis. = Je suis lisant.

Le verbe attributif outre l'existence affirme donc une action que l'on fait. Alors il est dit actif, ou que l'on a subie, alors il est appelé Passif.

Mais cette action se communique ou se transmet. De là le nom de Transitif.

Ou bien elle ne se transmet pas. Dans ce cas il faut examiner si cette non transmission est accidentelle, alors le verbe est dit intransitif ; ou si elle est essentielle, alors le verbe est appelé neutre.

Enfin le latin possède une espèce de Verbe appelé Déponent, dont le caractère est d'avoir la forme passive et le sens actif.

Le passif se forme en ajoutant au radical verbal les désinences personnelles : r (1°) ris ou re (2°) - tur (3°) — mur, — mini, — ntur. Grâce à ces flexions, le latin n'a besoin pour la conjugaison passive que d'un seul auxiliaire, tandis que le français recourt à deux auxiliaires pour conjuguer les temps composés des verbes passifs. Ex. Diligor, je suis aimé. Dilectus sum, j'ai été aimé. (Je suis ayant été aimé).

Tableau des verbes.

$$\text{Verbe} \begin{cases} \text{Substantif.} \\ \text{Attributif} \begin{cases} \text{Actif.} \begin{cases} \text{Intransitif} \\ \text{Neutre} \end{cases} \\ \text{Passif.} \text{\_\_\_} \\ \text{Déponent.} \end{cases} \end{cases}$$

Le verbe latin a quatre temps primitifs : l'Indicatif présent, le Parfait, le Supin et l'Infinitif présent.

Il a deux modes :

1° Le mode personnel : L'indicatif, mode de l'affirmation.
      L'impératif, " du commandement, de la prière.
      Le subjonctif, " de la subordination, de la possibilité, de l'incertitude, du doute, de l'éventualité.

2° Le mode impersonnel, Infinitif.
      Le Conditionnel est exprimé en latin : 1° Le présent, par l'imparfait du Subjonctif.
            2° Le passé, par le plusque parfait du Subjonctif.

Règle = L'Infinitif est un véritable substantif neutre qui a la double propriété de marquer une action et de la transmettre. De là trois conséquences :

1° Il peut être qualifié par un adjectif.
2° Il pourra remplir les fonctions de sujet et de complément auprès d'un verbe.
3° Il a tous les cas et se décline.

Déclinaison de l'Infinitif.

Nominatif : — Le présent et l'Imparfait ; — Le parfait et le plusque parfait.

Génitif. — Le Gérondif en di : Bellandi causâ. (Cæsar.) pour guerroyer
          Bellandi cupidus. (Cæsar) qui a la passion de la guerre.

Datif : — complément d'attribution, de destination, d'intention. — Le Gérondif en dum, précédé de ad : — Ad bellandum, dans l'intention, le désir, le but de guerroyer :
          pour faire la guerre, en vue de la guerre.

Accusatif : { 1° Les temps qui servent au nominatif ; — amat ludere. — il aime jouer
           { 2° Le supin actif en tum qui marque le mouvement : misit rogatum, il envoya demander.

Ablatif : { 1° Le gérondif en do : — Id extinguere inter pecudes habendo. (Tite-Live) L'étouffer en le rangeant parmi les bestiaux (par l'action de ranger.)
      { 2° Le Supin passif en U : — Horribile visu. — Chose (horrible à être vue) horrible à voir.

Le participe futur actif en rus, ra, rum, signifie être près de, disposé à, sur le point de.
Le participe futur passif en dus, da, dum marque l'obligation, la nécessité, le devoir.

De là le futur composé :

Moriturus sum : Je suis près, sur le point de mourir ; je vais mourir ; je suis disposé à mourir.

Historia legenda est : Il faut, on doit lire l'histoire.

Mihi moriendum est : Je dois, il faut mourir ; il est nécessaire que je meure. Mourir est une nécessité, est fatal.

Dans les verbes composés, la voyelle de la première syllabe s'altère surtout a et e en i

Facio _ composé avec per _ donne Perficio _ (Je parfais.)

Lego _ composé avec se _ donne Seligo _ (Je trie.)

Verbes dérivés. _ Les verbes terminés en esco, escere expriment le commencement d'une action ; de là leur nom d'Inchoatifs : Pallescere _ commencer à pâlir, devenir pâle. _

Les verbes terminés en urio, _ urire, expriment le désir, l'envie, la démangeaison, (Molière) de faire une action :

Cœnaturio, _______ avoir envie, brûler de souper.

Scripturire, _ avoir la démangeaison d'écrire.

Les verbes terminés en ito, itare, expriment la fréquence, _ on les appelle fréquentatifs _ la répétition : Ex. Dictitare, il ne cesse de dire, de répéter.

Observation essentielle. _ Nous recommandons particulièrement aux élèves l'étude des verbes irréguliers anomaux.

Fero, fers ; _ tuli ; _ latum ; _ ferre. _ porter.

Possum, pot-es ; _potui _posse. _ pouvoir.

Volo, vis ; _ volui ; _ velle ; _ vouloir.

Nolo, non vis ; _nolui ; _ nolle _ ne vouloir pas.

Malo, mavis ; _malui ; _malle. _ aimer mieux, préférer.

Eo, is ; _ ivi ; _ itum ; _ ire. _ aller.

Des verbes défectifs _ Cœpi, cœpisse. _ commencer, se mettre à.

_ Odi, odisse, _ haïr.

_ Memini, meminisse _ se souvenir.

Aio ; _ Je dis oui, _ J'affirme.

Inquam, is _ dis-je.

Remarques : [Facio, fecis ; _feci ; _factum _facere _ faire _ fait au passif
[Fio, fis ; _factus sum _fieri _ être fait, devenir.

Esse, construit avec un datif, exprime la possession, la propriété : Sex nobis filii sunt _ (Cicéron.)
Nous avons six fils.

Esse construit avec deux datifs forme une locution que l'on doit rendre par le verbe français correspondant au substantif latin qui accompagne le verbe esse.

Ex. Gallis Cæsar odio erat : _ César était l'objet de la haine des Gaulois.
Les Gaulois haïssaient César.

Cæsari Galli odio erant : _ Les Gaulois étaient l'objet de la haine de César
César haïssait les Gaulois.

Helvetiis carri impedimento erant. (Cæsar) _ Les charriots faisaient obstacle aux Helvètes.
Les charriots gênaient les Helvètes.

Esse construit avec qui : = Sunt multi qui eripiunt aliis, quod aliis largiantur. _ Il y a beaucoup de gens qui prennent aux uns pour (quod = ut id) donner aux autres ; _ de quoi faire des largesses aux autres.

Habes, quod agas _ Tu as de quoi t'occuper. _ Misi ad Antonium qui hoc ei diceret (Cicéron.) J'ai envoyé quelqu'un à Antoine pour lui dire cela.

Non est ei, unde solvat. _ Il n'a pas de quoi payer

Syntaxe.

La __Syntaxe__ enseigne comment les mots s'unissent pour former une __proposition__; comment les propositions s'unissent à leur tour, se soudent en quelque sorte entre elles, pour constituer une phrase.

Analyse de la proposition.

La proposition est une affirmation; l'énonciation d'un jugement.

Pour former un jugement, il faut: un objet dont on affirme d'abord l'existence, puis la manière d'être. De là trois termes: Le Sujet, objet de l'affirmation; le Verbe qui affirme son existence; l'attribut, sa manière d'être. (On se rappelle que le verbe peut exprimer à la fois et l'être et le mode) L'union du sujet avec l'attribut par le verbe constitue la proposition, dont le verbe est l'élément essentiel, nécessaire.

Ordre des mots.

Les mots se rangent dans la proposition suivant la marche des idées ou le développement régulier de l'intelligence. C'est l'Ordre logique; «construction réclamée par la pensée et par la raison» (Herder.) et propre aux langues analytiques: (français, Italien, Espagnol, Anglais.)

Ou bien les mots suivent les mouvements variés des impressions et des sentiments; c'est l'ordre inversif libre ou poétique, «construction réclamée par la passion,» (Herder) propre aux langues synthétiques; (Grec, latin, allemand.) Pour être libre l'ordre inversif n'est pas arbitraire. Une «logique secrète» préside à la distribution des mots et des propositions. Autrement la pensée serait indéchiffrable. De plus la langue synthétique a la faculté de suivre l'ordre logique. Ce choix seul est libre.

Analyse de la phrase.

A l'aide du pronom relatif, des conjonctions, du participe, les proportions s'enchaînent pour donner naissance à une __phrase__.

La phrase est donc une réunion de propositions. — Comment se fait cette réunion?

La proposition possède un sens complet par elle-même; elle est dite alors indépendante. Sans perdre son indépendance, elle se trouve jointe à une autre proposition également indépendante. Ces propositions sont dites: __coordonnées__. L'union se fait en ce cas par les conjonctions dites de coordination.

Mais il peut arriver que, dans une proposition, le sens d'un mot, l'action exprimée, aient besoin pour être complets, d'être expliqués par une proposition qui leur donne une valeur claire et précise. La première est dite __principale__; la seconde __complétive__. Elles sont unies de manière à se compléter réciproquement; la première étant indispensable pour l'intelligence de la seconde; la seconde pour l'intelligence de la première.

La proposition qui complète un mot est dite __Relative__ parce que l'union se fait à l'aide du pronom relatif qui, quæ, quod placé à la tête de la proposition complétive dont il est le signe caractérique.

__Observation.__ Qui, quæ, quod, — désigne non seulement des propositions relatives, mais encore des propositions construites avec le subjonctif et dites __interrogatives__.

L'interrogation, au lieu d'être directe, se fait à la 3ᵉ personne indirectement.

__Ex.__ Quum quærerex, quæ civitates, quantæque in armis essent, et quid in bello possent. (Cæsar.)

Cherchant quels états, combien d'états étaient en armes, et leur puissance militaire.

Quant à la proposition qui complète un verbe, elle varie suivant la nature du verbe complété.

Ce verbe exprime-t-il l'__affirmation__, l'ordre, l'injonction, la volonté impérative, la proposition se construit avec l'infinitif et prend le nom de proposition __infinitive__.

Exprime-t-il une simple volonté, une intention, un désir, un souhait, la proposition complétive se construit avec le subjonctif précédé ou nom de la conjonction ut. Elle est appelée __Subjonctive__.

Mais si le verbe exprime le désir qu'elle ne s'accomplisse pas, l'intention de ne pas faire une action, la crainte de la voir s'accomplir, l'obstacle à son accomplissement. Alors on fait précéder le Subjonctif de la conjonction __ne__ = (ut non.) — __quin__ = (ut.....non) — __quominus__ (= ut eo minus.)

__Ne__ emporte donc avec lui ces divers sens.

Ne cadas = {
Je crains que vous tombiez ; je souhaite que vous ne tombiez pas..
Gardez-vous de tomber ; — ne tombez pas ; — n'allez pas tomber.
De peur, dans la crainte, que vous tombiez ; — pour que vous ne tombiez pas.

Adhortatus milites « Ne itineris labore permoveantur » (Cæsar.) — César encourage ses soldats ; il a peur que les fatigues de la marche ne les effraye ; pour les empêcher de se laisser effrayer ; pour qu'ils ne s'effrayent ni ne s'abattent.

— Le verbe exprime une action : cette action s'accomplit avant, après ou en même temps qu'une autre ; pour tel motif, à telle condition, de telle manière : autant de circonstances que l'on désigne de deux manières :

Ou par un Participe, — alors, comme compléments circonstanciels, le sujet et le participe se mettent à l'ablatif : voilà la proposition Participe ;

ou par un verbe à mode personnel précédé d'une des conjonctions circonstancielles : quum, dum, donec, si, quod, quia, ut, ubi ; de là son nom de proposition conjonctive.

Tableau des propositions.

Proposition {
Principale {
Indépendante
Coordonnée
}
Complétive {
de Nom [Relative : { Indicative. Interrogative. (Subj.)
de Verbe {
d'affirmation — Infinitive.
d'Intention — Subjonctive.
Circonstancielle : { Participe. Conjonctive.
}
}
}

Règles.

Ordre inversif — Règle : — Tout complément précède le terme qu'il complète.
Corollaire : 1º La proposition conjonctive se place devant le verbe qu'elle complète.
2º La proposition relative précède toujours la proposition principale.
De la sorte le substantif déterminé se trouve placé dans la proposition relative où il a le même cas que le relatif.

Quod Darii regno ipsorum niteretur dominatio.
(Quod dominatio ipsorum niteretur regno Darii.)
« Parceque c'était sur la Royauté de Darius que reposait leur pouvoir absolu. (Si Darius cesse de régner, ils ne seront plus maîtres.)

Ex. Quam materiam Æsopus repperit, ego polivi. (Phèdre.)
L'ordre logique est : Ego polivi materiam quam Æsopus, etc . . . . .
Ex. Quibus utor libris, ego valde diligo.
Ordre logique : Ego valde diligo libros quibus utor
La raison de cette construction est bien simple. C'est que le substantif déterminé doit être placé dans la première proposition offerte à l'œil ou à l'oreille. Or la relative se présentant la première, le substantif doit nécessairement en faire partie.

Ellipse ou suppression de certains mots.

Rien n'est, ne peut être sous-entendu dans une proposition, dans une phrase.
Le sous-entendu est ne explication suffisante ; elle ne rend pas un compte exact. Sous-entendu implique l'arbitraire ; l'ellipse implique la raison : elle est logique :

1º En latin on rencontre fréquemment des propositions sans verbe exprimé. Elles font le désespoir des commençants. Ils oublient qu'il n'existe en réalité qu'un seul verbe, esse, être ; et dès lors qu'on peut l'éliminer sans que le sens ni la proposition en souffrent. L'esprit le rappelle naturellement avec un peu de réflexion.

2º En latin on supprime souvent ita, sic, tam, devant ut avec le subjonctif.
Ex. Redintegravit luctum in castris consulum adventus, ut vix ab iis abstinerent manus. (Tite-Live.)
Dans le camp, à l'arrivée des Consuls, le réveil de la douleur fut si vif que les soldats eurent de la peine à ne pas se jeter sur eux. (faillirent se jeter sur eux.)

3º L'ellipse la plus fréquente est celle de l'antécédant avec le relatif qui. — Ce Relatif étant destiné à unir un mot avec une proposition, il en résulte qu'il doit toujours avoir un antécédant substantif ou pronom. Or ce pronom est is, ea, id, comme en français celui, celle, ce, et il ne saurait y en avoir d'autre. Donc on peut en faire l'ellipse, l'éliminer sans que le sens en souffre. L'esprit le rappelle logiquement.

Ex. Producuntur quos Litavicus edocuerat quæ dici Vellet. (César.) (mot à mot) Producuntur (ei quos edocuerat ea quæ dici Vellet.) (On amène ceux à qui Litavic avait appris ce qu'il voulait qui fût dit.)

Nihil aliud optabant, quorum poscebatur argentum nisi ut... (Cicéron.) (Nihil aliud optabant ei, quorum etc....) Ceux à qui l'on demandait leur argenterie, ne formaient qu'un vœu, c'est que...

Dans ces deux exemples ei — ea sont appelés rationnellement par quos, quæ, quorum, qui n'ont pas de raison d'être sans antécédant.

Règle des propositions.

Proposition définitive: c'est-à-dire construite avec l'infinitif. On distingue:

1.° L'infinitif de narration ou historique. — Pour donner plus de vivant et de mouvement au récit, au lieu de l'indicatif, on se sert de l'Infinitif même après quum.

Règle: = Le sujet de l'infinitif historique se met au nominatif.

Ex. Iamque dies consumptus erat quum tamen barbari nihil remittere atque acrius instare. (Salluste.)

Déja le jour était entièrement tombé que les barbares, loin de se ralentir, nous pressent plus vivement.

On fait plus ordinairement précéder l'Infinitif des verbes cœpisse ou incipere, — commencer, se mettre à.

Ex. Ubi eos in sententia perstare viderunt, conclamare et significare de fuga Romanis cœperunt. (César.)

Dès qu'elles les virent persister dans leur idée, elles se mirent à pousser des cris et à faire signe aux Romains qu'ils allaient fuir.

2.° L'infinitif étant un véritable substantif ne peut remplir les fonctions de <u>sujet</u> ou de <u>complément</u>.

<u>Règle</u>. — 1.° Toute proposition infinitive employée soit comme sujet, soit comme complément, a son sujet à l'accusatif.

2.° Toute proposition relative complétant un des termes d'une proposition infinitive, son verbe est subjonctif.

Ex. Velle suum cuique est. (Perse) = Chacun a son vouloir — chacun a son goût

Nostrum istud videre triste. (Perse). = Et ce triste vivre qui est le nôtre. — Et cette triste vie que nous menons.

Pars quam Gallos obtinere dictum est. (César.) (mot à mot: La partie que les Gaulois occupe a été dit.) La partie que nous avons dit être habitée par les Gaulois.

Exponunt: omnes equites Æduorum interfectos (esse). (César.)

Ils racontent que toute la cavalerie des Éduens a péri.

... Omnibus Gallis idem esse faciendum quod Helvetii fecerint. (César)

Tous les Gaulois n'ont plus à faire que ce qu'ont fait les Helvètes.

Nam quod multi voluerunt, pauci potuerunt ab uno tyranno, patriam liberare, huic contigit, ut a trigenta tyrannis oppressam ex servitute in libertatem vindicaret.

Ordre logique: Nam liberare patriam ab uno tyranno quod (l'infinitif étant un substantif, liberare est l'antécédant de quod;) multi voluerunt, pauci potuerunt, contigit (a pour sujet liberare) ut (appelle ita — et se traduira par: a ce point que;) vindicaret oppressam (patriam) et servitute (la tirant de la servitude, du servage) in libertatem (pour la faire entrer dans la liberté.

Proposition circonstancielle. — Proposition construite avec le participe.

Règle: — Le sujet et le verbe se mettent à l'ablatif comme tout complément circonstantiel.

Probata re atque omnibus ad jusjurandum adactis. (César) — La chose (le projet) approuvée et tous ayant été contraints au serment; — la chose une fois approuvée et le serment imposé à tous. — Après avoir approuvé la chose et les avoir contraints tous au serment.

Application de ces diverses règles. — Refertur ad senatum de laudatione verris — In quo, ut aliquid esset moræ, multi interpellant de sex. Peduceo, qui de illa civitate totaque provincia optime — meritus esset, sese antea, quum audissent, ei negotium facessitum, quumque cum publice et pro plurimis ejus et maximis meritis laudare cuperent, a C. Verra prohibitos esse: iniquum esse, tametsi Peduceus eorum laudatione jam non uteretur, tamen id prius decernere, quod aliquando voluissent, quam quod tum cogerentur. (Cicéron.)

Voici l'analyse raisonnée de cette phrase et l'ordre logique :

Cherchons les verbes à mode personnel, et indiquons chaque proposition par son signe caractéristique. nous trouvons :

1° *Multi interpellant* (Principale)

2° *Ut aliquid esset* — Proposition complétive : signe ut.) ut esset complète interpellant, puisqu'il en est précédé.

3° *Qui meritus esset* — Proposition relative : signe qui, complétant Peduceus.

4° *Sese antea prohibitos esse.* — Proposition infinitive : marque sese (accusatif pluriel) ; — désignant une affirmation contenue dans interpellane (interrompre). Ce qui amène en français le verbe disant.

5° *Quum audissent* — Proposition circonstancielle marquant après quelle action ils avaient été empêchés ; c'est après avoir oui dire, (signe quum)

6° Qu'avaient-ils appris ? — *ei negotium facessitum esse.* — Proposition infinitive complément du verbe affirmatif audissent : — qu'on lui créait des embarras, qu'on lui cherchait noise.

7° A quel moment ont-ils été empêchés, que faisaient-ils quand on les empêchait ? = *quum cuperent* — pendant, alors que ils désiraient. — (Proposition circonstancielle) signe quum.

8° que désiraient ils ? — *laudare eum publice*, (mot à mot : louer lui au nom de l'État.) Infinitif complément de de verbe en sa qualité de substantif. — Traduction : lui décerner des éloges au nom de l'état.

9° *Tametsi Peduceus jam non uteretur* — Proposition complétive marquant une circonstance restrictive — signe tametsi — Bien que Peduceus se passât (n'usât plus ; jam non = plus) de leurs louanges.

10° *Tamen non decernere prius id* — Infinitif sujet puisqu'il est un substantif, esse verbe — iniquum attribut puisque decernere est un substantif neutre ; — *non decernere id iniquum esse* — 2° proposition infinitive (marque decernere, sujet à l'accusatif) ne pas décerner ce...

11° *Quod voluissent* — (Principale relative complétant id ; — marque : quod en tête de la proposition)) le verbe est au subjonctif parcequ'il complète id un des termes de l'infinitive, decernere esse iniquum. = qu'ils avaient voulu (ce qui était leur intention)

12° *Priusquam quod tum cogerentur.* — Proposition Relative et circonstancielle. — Relative signe quod déterminant id — circonstancielle, signe quam, — pour marquer en quoi consiste l'iniquité : c'est de faire ce à quoi l'on est contraint avant ce que l'on avait l'intention, le désir de faire. — Le verbe est au subjonctif parcequ'il détermine id — terme d'une infinitive.

Traduction avant ce qu'on leur imposait.

Esse iniquum = C'est un acte d'injustice ; c'est une iniquité.

Ordre logique :— Multi interpellant ut aliquid morae esset, de S. Poduceo qui meritus esset optime de illa civitate totaque provincia — (Dicentes : exprimé par la proposition infinitive) ante a sese esse prohibitos a C. Verre, quum audissent ei negotium facessitum, et quum cuperent laudare eum publice pro meritis ejus plurimis et maximis : Tametsi Peduceus jam non uteretur laudatione eorum, tamen non decernere id quod voluissent prius quam (id) quod tum cogerentur esse iniquum.

Traduction. — On porte au Sénat l'éloge de Peduceus. Là, pour apporter quelque retard, beaucoup prennent la parole : S'occuper de Sextus Peduceus qui avait rendu d'éminents services à cet État et à la province toute entière. leur avait déjà interdit par C. Verrès quand ils avaient oui dire qu'on lui cherchait une affaire et alors qu'ils désiraient récompenser ses très-grands et très-nombreux services par des éloges décernés au nom de l'État ; bien que Peduceus se passât de leurs éloges, ne pas décerner ce qui était leur intention avant ce qu'on leur imposait, n'en était pas moins une iniquité.

Adhortatus milites « ne necessario tempore itineris labore permoveantur, cupidissimis omnibus, progressus millia passuum XXV agmen Aeduorum conspicatus, immisso equitatu, iter eorum moratur atque impedit, interdicitque omnibus, ne quemquam interficiant. (Cæsar.)

Analyse raisonnée = Nous trouvons cinq verbes à mode personnel : = 1° ne permoveantur ; 2° moratur ; 3° impedit ; 4° interdicitque ; Ne 5° interficiant. — (De là trois propositions principales coordonnées ; et deux propositions subjonctives : 1° ne permoveantur ; 2° ne interficiant ; complétant la première, le participe adhortatus et exprimant la crainte de l'abattement des soldats, le désir de l'empêcher, de le prévenir ; — marque ne. — la deuxième, un verbe exprimant l'interdiction ; marque ne, dans les deux cas, en tête de la proposition.

De plus quatre participes passés : adhortatus, progressus, conspicatus, immisso (à l'ablatif) ; enfin un adjectif (superlatif) également à l'ablatif. Donc nous avons cinq propositions participes, indiquant les circonstances qui précèdent et amènent, en se succédant, les proportions principales qui marquent le résultat de ces actions : retarder et arrêter la marche des Éduens.

Adhortatus, progressus, conspicatus sont au nominatif parcequ'ils appartiennent à des verbes déponents qui, seuls en latin, possèdent notre participe passé actif, ayant.... ayant exhorté, s'étant aperçu, ayant aperçu.

Cupidissimis est à l'ablatif ainsi que omnibus, terme qu'il détermine, ce qui indique un complément circonstanciel. Or le participe marque un état et comme tel détermine un objet ; l'adjectif marquant un état et ayant pour fonction de déterminer les objets, il s'ensuit que l'adjectif pourra, comme le participe, constituer une proposition circonstancielle. D'ailleurs Cupidus est un adjectif verbal tiré du verbe *Cupio* ; tous étant pleins, brûlants d'ardeur.

Equitatu immisso: proposition participe: la cavalerie ayant été lancée. Ces participes se traduisent en français par une série de propositions ayant un verbe à mode personnel.

Ordre logique. = Adhortatus milites, « ne permoveantur labore itineris tempore necessario », omnibus cupidissimis, progressus XXV millia (milliers) passuum, conspicatus agmen Aeduorum, equitatu immisso, moratur atque impedit iter eorum, et interdicit omnibus, ne interficiant quemquam.

Traduction : Il invite les soldats « à ne pas se laisser ébranler dans une circonstance critique par les fatigues de la marche »; les trouvant tous brûlants d'ardeur, il s'avance à vingt-cinq mille pas, aperçoit les colonnes Éduennes (agmen, armée en ordre de marche), lance sa cavalerie, retarde la marche des ennemis et fait défense à tous de ne donner la mort à qui que ce soit.

———

Fratres Litavici quum comprehendi jussisset, paulo ante reperit ad hostes profugisse.

Analyse de cette phrase : Deux verbes verbes à mode personnel : 1.° Jussisset, 2.° Reperit. — Deux à l'infinitif : comprehendi et profugisse.

Donc quatre propositions : — 1.° Reperit (sujet César; = fuit reperiens.)

2.° Quum jussisset. — proposition circonstancielle conjonctive désignée par quum; elle est le complément de reperit puisqu'elle le précède.

3.° et 4.° Comprehendi et profugisse. — propositions infinitives compléments, la première de jussisset qu'elle précède; la seconde de reperit qu'elle suit logiquement.

Mais quel est le sujet de ces deux propositions ? Il doit être à l'accusatif et ce ne peut être que : Fratres Litavici. Cette construction donne lieu à une remarque importante. Les mots Fratres Litavici placés ainsi en vedette en tête de la phrase, indiquent par leur position devant le figuratif quum, qu'ils sont le sujet des deux infinitifs qui suivent.

L'ordre logique sera donc : (César) reperit fratres Litavici profugisse ad hostes paulo ante, quum jussisset fratres Litavici comprehendi.

Traduction. — Après avoir donné l'ordre d'arrêter les frères de Litavic, il découvrit qu'un peu auparavant il avait passé à l'ennemi.

— De même le mot qui fait l'objet principal d'un récit se place le premier en tête du chapitre ou de l'alinéa. Ce qui permet de l'éliminer devant tous les verbes des propositions principales, jusqu'à ce que le récit ait changé d'objet, et dès lors de sujet. (C.f. Cornelius Nepos : Miltiades. §. I. II.)

———

Exemple d'une ellipse fréquente en latin :

— Dixit Diviaticus Aeduus : « Non conferendum esse Gallicum cum Germanorum agro neque hanc consuetudinem victus cum illa comparandam. — (César.)

Proposition principale : Diviacus dixit. —

Propositions infinitives : 1.° Non conferendum esse.

2.° Hanc consuetudinem comparandam esse.

Il est à remarquer :

1.° Que la proposition infinitive non conferendum esse, n'a pas de sujet exprimé. A défaut de la règle de la proposition infinitive, le participe futur conferendum indique que ce sujet doit être à l'accusatif. Mais quel sera ce mot ? Si l'on fait attention au deuxième terme de la comparaison, on trouve cum agro. L'on en concluera : 1.° que le mot ager est l'objet de la comparaison; 2.° que conferendum est au masculin et que son sujet est agrum.

2.° Dans la deuxième comparaison, consuetudinem exprimé dans le premier terme est remplacé dans le second par illa. Mais que désignent les démonstratifs hanc et illa ? Il est nécessaire de se rappeler la signification propre de ces deux adjectifs. Hanc désigne l'objet le plus rapproché, c'est-à-dire Germanorum; illa l'objet le plus éloigné, à savoir Galli, compris dans l'adjectif Gallicum.

Donc l'ordre complet sera : — Gallium agrum non esse conferendum cum agro Germanorum, neque consuetudinem Germanorum comparandam esse cum consuetudine.

Traduction. L'Éduen Divitiac dit : « Le territoire ou le sol de la Gaule n'est pas comparable à celui des Germains, pas plus que leur genre de vie ne l'est à celui des Gaulois.

———

Quum ver esse coeperat, cujus initium iste non a Favonio, neque ab alio astro notabat, sed quum rosam viderat, tunc incipere ver arbitrabatur; dabat se labori atque itineribus: in quibus usque eo se praebebat patientem atque impigrum, ut eum nemo umquam in equo sedentem viderit.

Ordre logique : (L'ordre serait : Dabat se aperit quum etc. mais quand on peut, sans nuire au sens, suivre le latin, et se débarrasser des compléments circonstanciels, il faut le faire; la phrase en sera plus claire et plus alerte.)

Quum ver coeperat esse, cujus iste notabat initium non a Favonio, neque ab astro alio sed arbi=

trabatur ver incipere tum quum viderat rosam ; dabat se labori atque itineribus ; in quibus se præbebat patientem atque impigrum _usque eo_, _ut_ nemo _viderit_ umquam eum in equo sedentem.

<u>Traduction</u> : — Quand le printemps commençait à naître, et ce n'était point au Favonius ni à quelque étoile que cet homme ('Verrès) en notait le début ; mais quand il voyait une rose, alors il jugeait que le printemps arrivait ; il se livrait à la fatigue des tournées dans lesquelles il déployait tant de patience et d'activité que nul jamais ne le vit en selle. (mot à mot : s'asseoir sur le dos d'un cheval.)

Remarques.

I. Quum : 1° Construit avec le Subjonctif (mode de la possibilité, de l'incertitude) marque un temps indéterminé où telle action a pu s'accomplir.

2° Construit avec l'indicatif (mode de l'affirmation) indique l'époque précise où tel fait a pu se passer.

Ex. Nec bella fuerunt, faginus adstabat quum scyphus ante dapes (Tibulle.) Il n'y avait point de guerres alors qu'une coupe de hêtre se dressait sur les tables.

II. Usque eo ut, = Jusque là . . . que, — Au point, si…

III. Videret sedentem. = Contrairement à la règle, après le verbe videre, le verbe qui le complète se construit avec le participe présent au lieu de l'Infinitif.